Sat

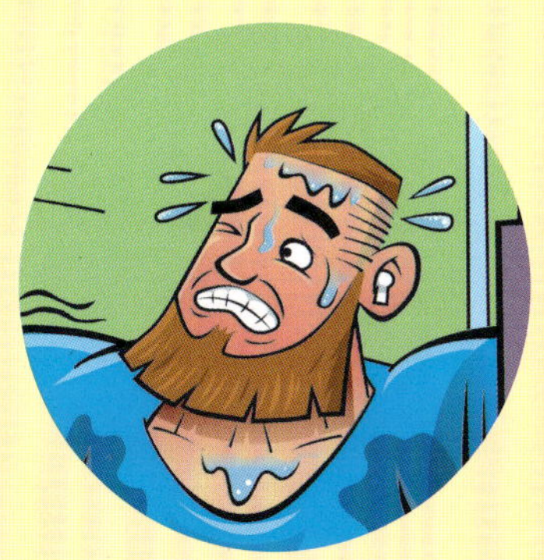

Written by
Daisy Hawkins

Illustrated by
Andy Hamilton

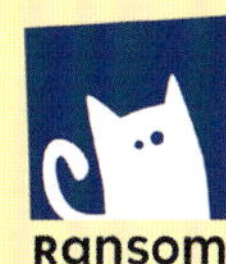

ransom

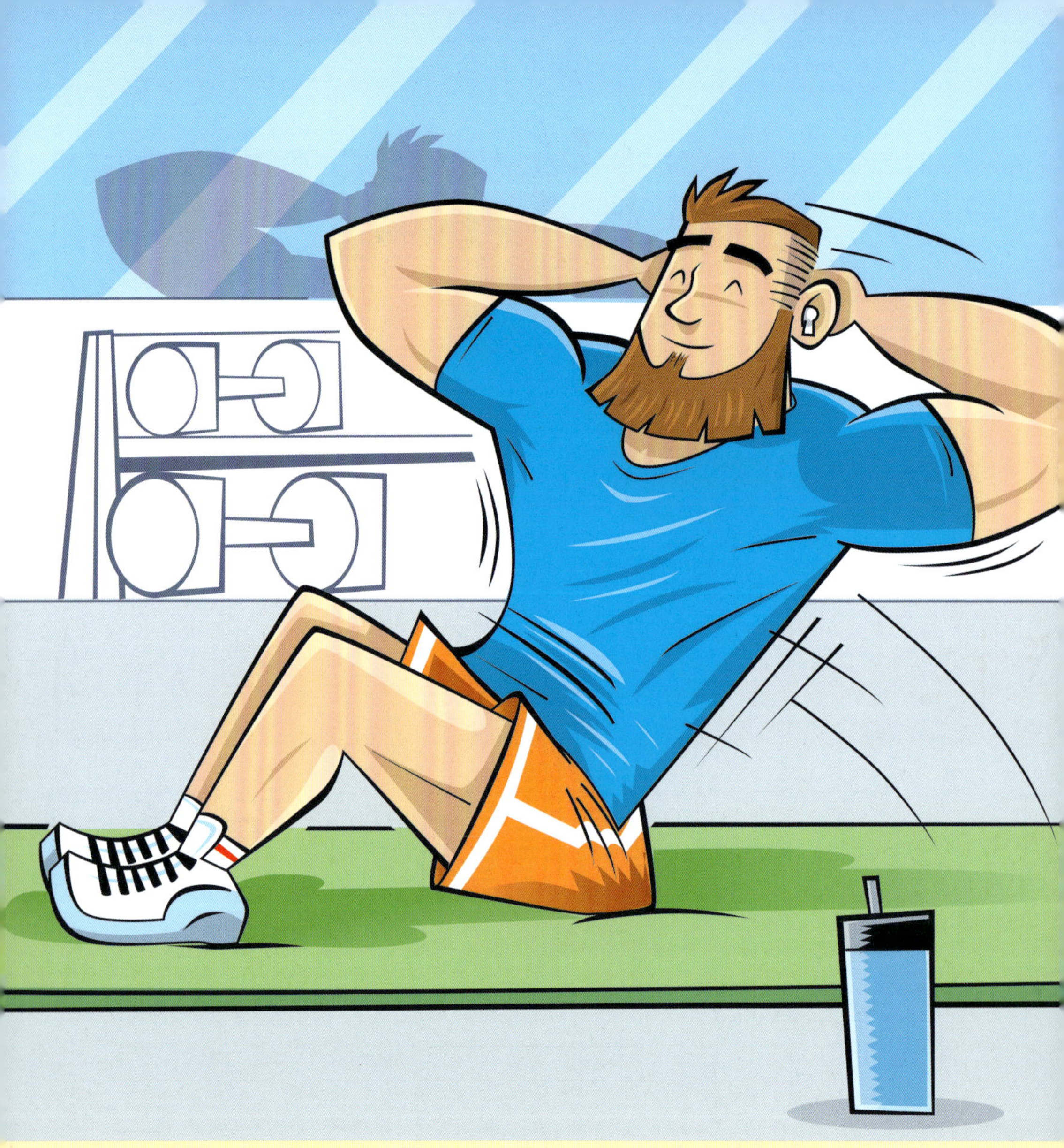

Sat.

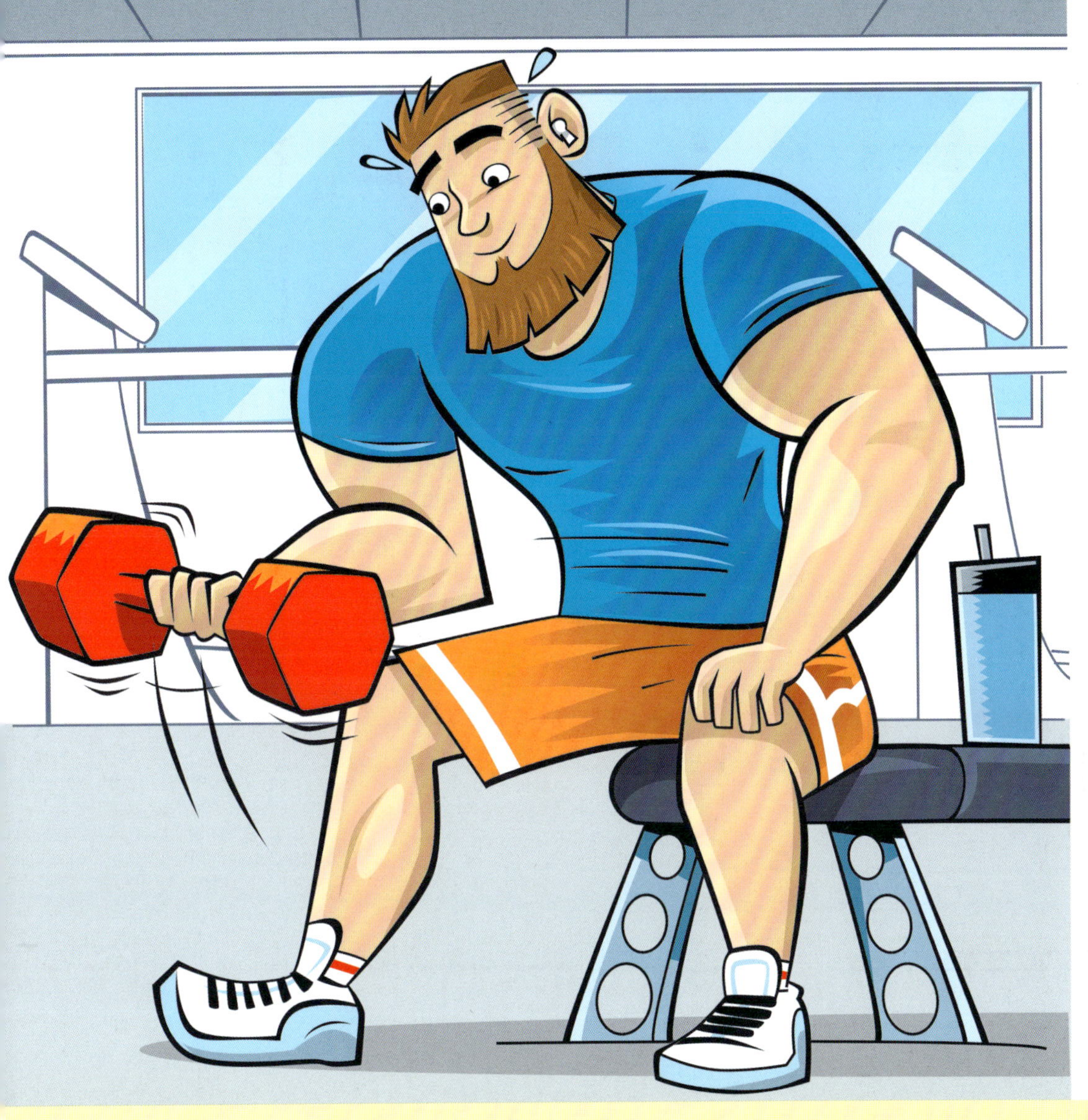

Sat.

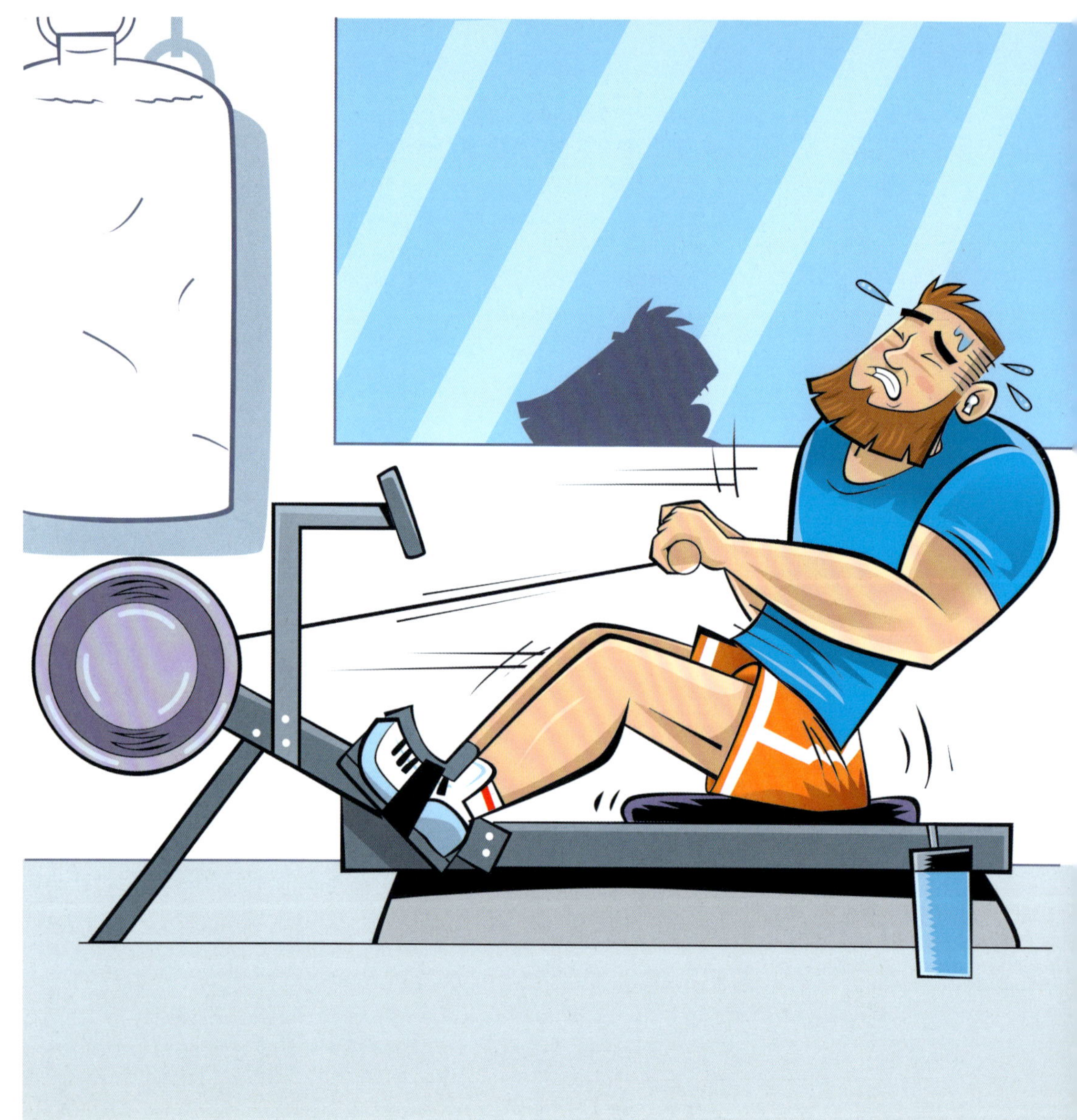

Sat.

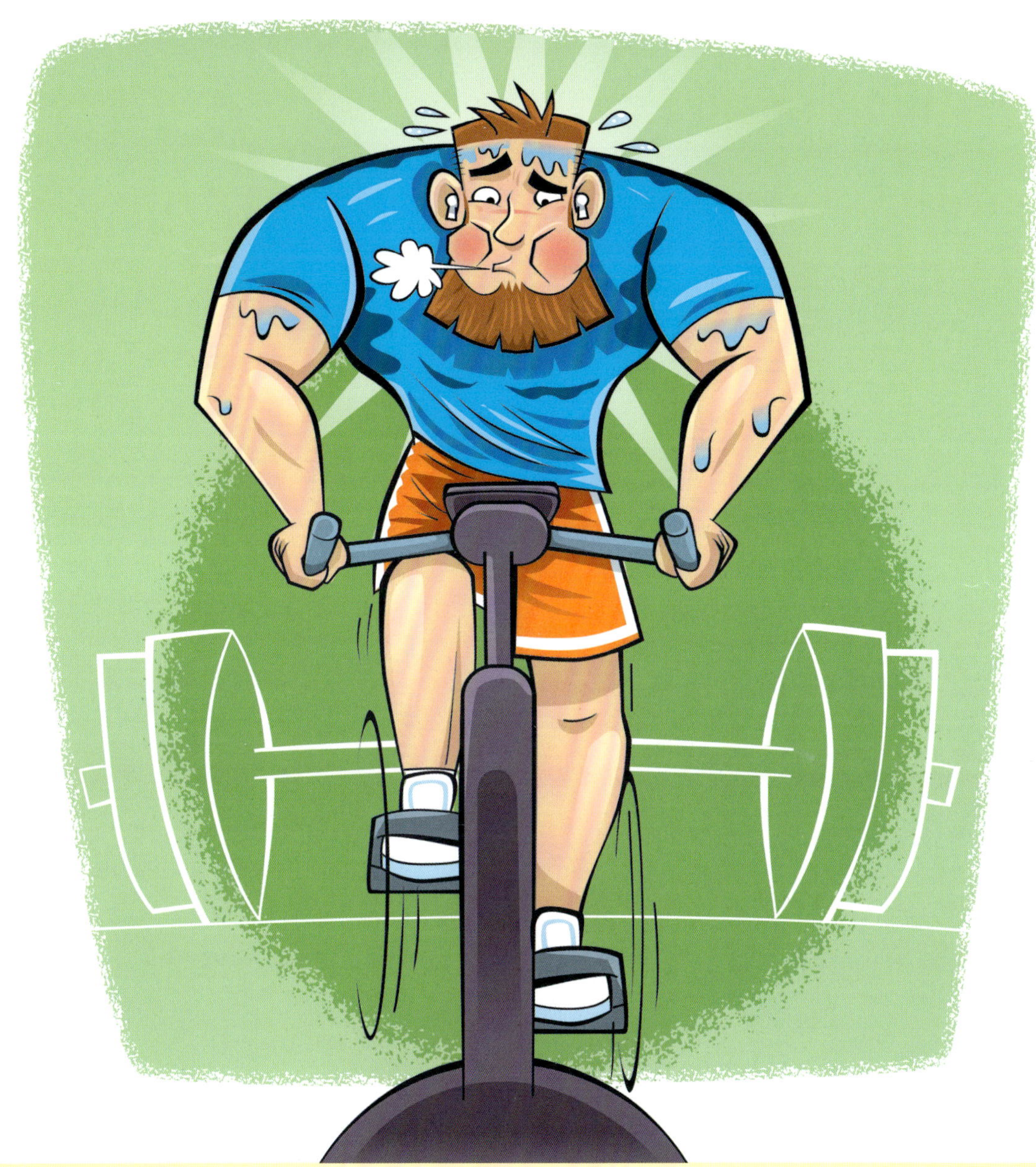

Sat.

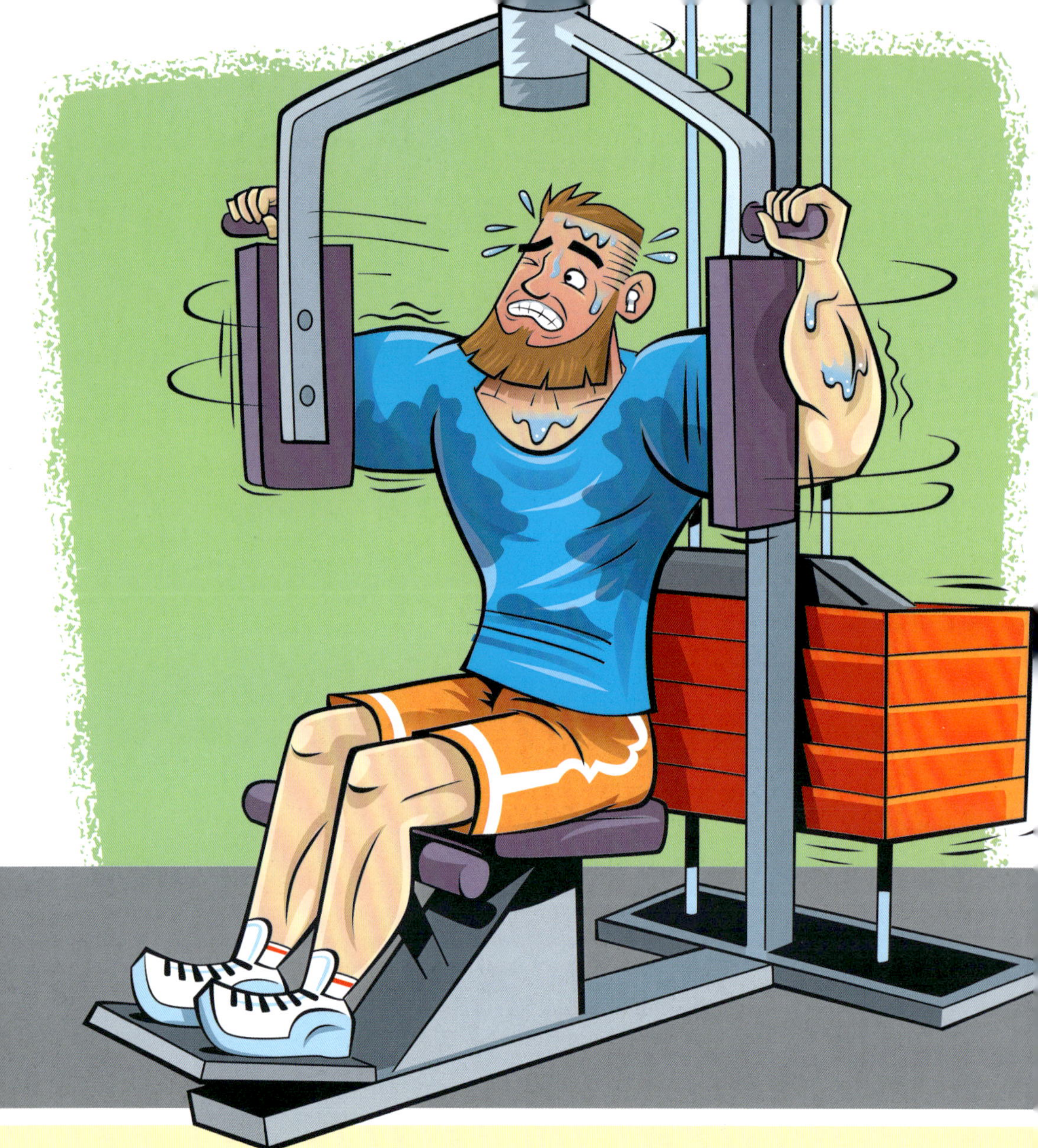

Sat.

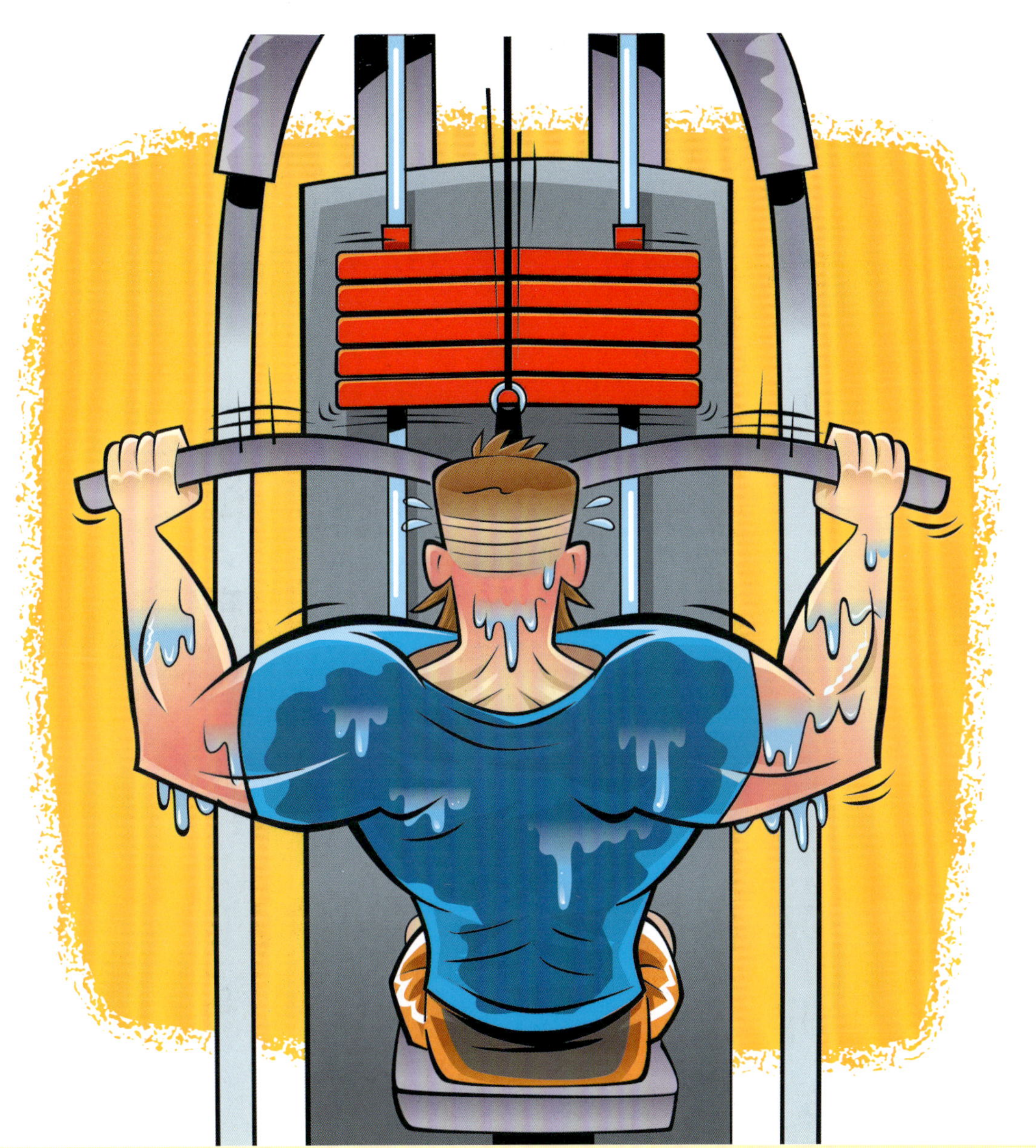

Sat.

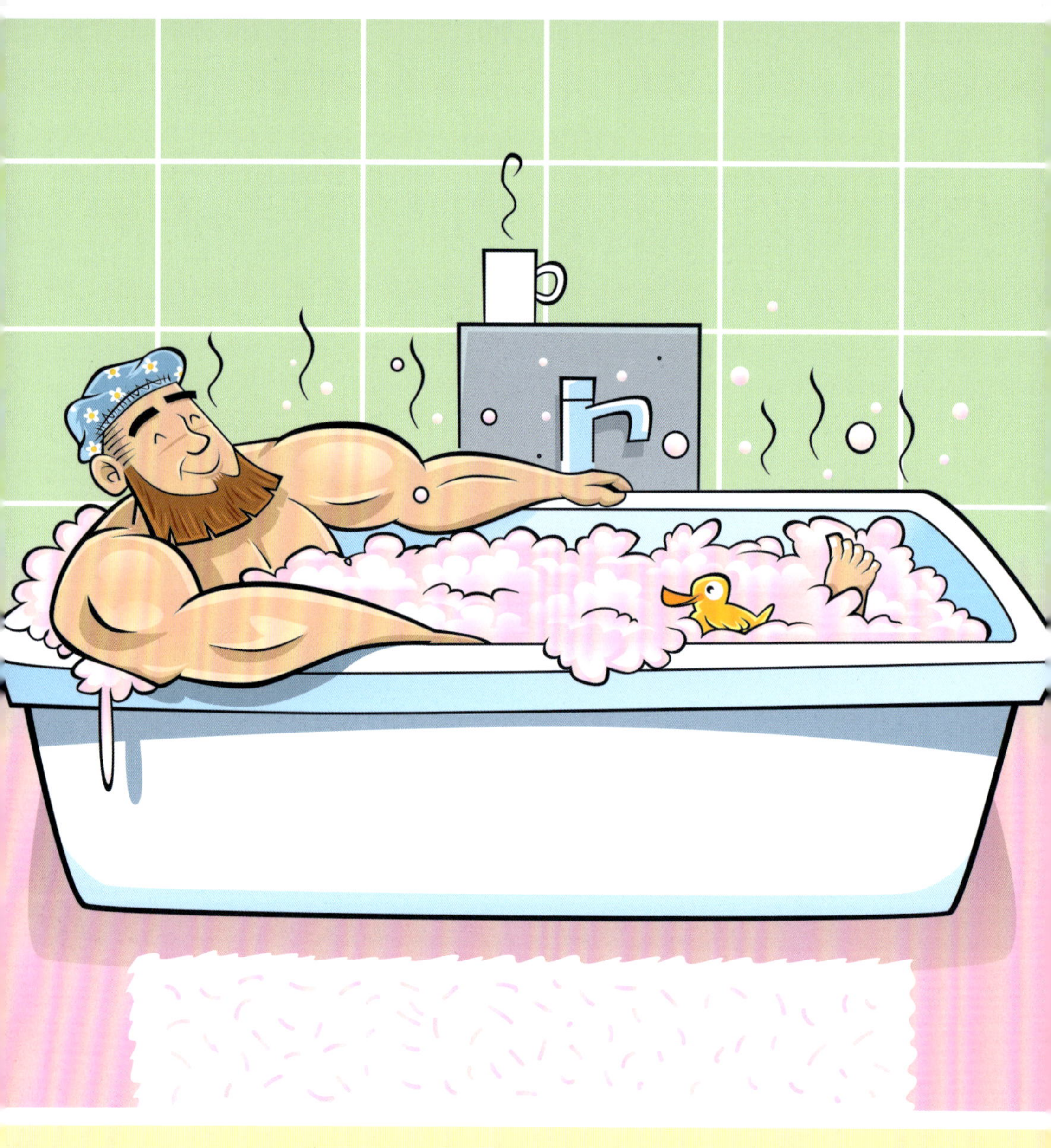

Sat.